## Minutos
DE ESTUDIO BÍBLICO

PROGRAMA DE
ESTUDIO
EN 6 SEMANAS

MINISTERIOS
PRECEPTO
INTERNACIONAL

# SER ÙN

_____

# DISCÍPULO:

_____

# CONSIDERANDO

_____

# SU VERDADERO

_____

# COSTO

_____

## KAY ARTHUR
## TOM & JANE HART

Este estudio bíblico ha sido diseñado para grupos pequeños que están interesados en conocer la Biblia, pero que disponen de poco tiempo para reunirse. Por ejemplo, es ideal para grupos que se reúnen a la hora de almuerzo en el trabajo, para estudios bíblicos de hombres, para grupos de estudio de damas, para clases pequeñas de Escuela Dominical o incluso para devocionales familiares. También, es ideal para grupos que se reúnen durante períodos más largos – como por las noches o los sábados por la mañana – pero que sólo quieren dedicar una parte de su tiempo al estudio bíblico, reservando el resto del tiempo para la oración, comunión y otras actividades.

Este libro está diseñado de tal forma que el grupo tendrá que realizar la tarea de cada lección al mismo tiempo que se realiza el estudio. El discutir las observaciones a partir de lo que Dios dice acerca del tema revela verdades emocionantes e impactantes.

Aunque es un estudio grupal, se necesitará un facilitador para dirigir al grupo – alguien que permita que la discusión se mantenga activa. La función de esta persona no es la de conferencista o maestro. No obstante, cuando este libro se usa en una clase de Escuela Dominical o en una reunión similar, el maestro debe sentirse en libertad de dirigir el estudio de forma más abierta, dando otras observaciones además de las que se encuentran en la lección semanal.

Si eres el facilitador del grupo, el líder, a continuación encontrarás algunas recomendaciones para hacer más fácil tu trabajo:

- Antes de dirigir al grupo, revisa toda la lección y marca el texto. Esto te familiarizará con el contenido y te capacitará para ayudar al grupo con mayor facilidad. Te será más cómodo dirigir al grupo siguiendo las instrucciones de cómo marcar, si tú como líder escoges un color específico para cada símbolo que marques.

- Al dirigir el grupo, comienza por el inicio del texto y lee en voz alta siguiendo el orden que aparece en la lección, incluyendo los "cuadros de aclaración" que pueden aparecer. Trabajen la lección juntos, observando y discutiendo lo que aprenden. Al leer los versículos bíblicos, haz que el grupo diga en voz alta la palabra que se está marcando en el texto.

- Las preguntas de discusión sirven para ayudarte a cubrir toda la lección. A medida que la clase participe en la discusión, muchas veces te darás cuenta de que ellos responderán a las preguntas por sí mismos. Ten presente que las preguntas de discusión son para guiar al grupo en el tema, no para suprimir la discusión.

- Recuerda lo importante que es para la gente el expresar sus respuestas y descubrimientos. Esto fortalece grandemente su entendimiento personal de la lección semanal. Asegúrate de que todos tengan oportunidad de contribuir en la discusión semanal.

- Mantén la discusión activa. Esto puede significar el pasar más tiempo en algunas partes del estudio que en otras. De ser necesario, siéntete en libertad de desarrollar una lección en más de una sesión. Sin embargo, recuerda que no debes ir a un ritmo muy lento. Es mejor que cada uno sienta que contribuye a la discusión semanal, "que deseen más", a que se retiren por falta de interés.

- Si las respuestas del grupo no te parecen adecuadas, puedes recordarles cortésmente, que deben mantenerse enfocados en la verdad de las Escrituras. La meta es aprender lo que la Biblia dice, no adaptarse a filosofías humanas. Sujétate únicamente a las Escrituras y permite que Dios te hable. ¡Su Palabra es verdad (Juan 17:17)!

# SER UN DISCÍPULO: CONSIDERANDO SU VERDADERO COSTO

Cuando Jesús llamó a hombres y mujeres a seguirlo, ¿qué esperaba de ellos? ¿Y era esto razonable? ¿Cuál es la diferencia entre aquellos que dicen ser cristianos y los demás? ¿Cómo se comprueba si una persona es un discípulo verdadero de Jesucristo o no?

Estas son las preguntas que deseamos responder, al descubrir qué dice la Biblia sobre el tema de cómo ser un discípulo de Jesucristo. Para esto usaremos el método inductivo, es decir, que observarás la Palabra de Dios por ti mismo. Luego, al descubrir lo que dice y qué significa, podrás decidir si quieres ordenar tu vida de acuerdo a su verdad.

La mayoría de las personas son seguidoras de alguien. Alguien capta su atención, captura su imaginación o comparte los mismos intereses y valores. Por consiguiente, quieren saber más acerca de esa persona—las metas que él o ella persiguen, los logros alcanzados. Desean hablar y aprender más sobre esta persona. Y si lo que encuentran es agradable o aplicable a sus deseos y ambiciones, entonces desean imitarlo, seguir sus intereses y unirse a su causa.

Básicamente somos seguidores de aquellos que han ido delante de nosotros o de aquellos que han alcanzado lo que nosotros queremos lograr. Estos pueden ser nuestros padres, compañeros, maestros o nuestros héroes en áreas de nuestro interés—pero, generalmente hay alguien a quien nos gustaría parecernos, porque creemos en quién es o en lo que es.

El discípulo es un seguidor. Moisés tuvo discípulos, los fariseos tuvieron discípulos, Juan el Bautista tuvo discípulos.

Cuando Jesús comenzó Su ministerio público también buscó discípulos, para que cuando Su obra estuviera terminada y se fuera para estar otra vez con el Padre, hubiera otros que fielmente llevaran adelante la obra del reino de Dios—un reino que se ha acercado.

## OBSERVA

Veamos un pasaje que muestra cómo Jesús llamó a Sus primeros discípulos.

*Líder: Lee en voz alta Mateo 4:17-22.*

- *Marca las referencias a la palabra seguir subrayándola y poniendo una flecha al final de la línea, así:* ➡️

### Mateo 4:17-22

[17] Desde Entonces Jesús comenzó a predicar "Arrepiéntanse, Porque el reino de los cielos se ha acercado".

[18] Andando Jesús junto al mar de Galilea, Vio un

dos hermanos, Simón, llamado Pedro, y Andrés su hermano, echando una roja al mar, porque eran pescadores.

¹⁹ Y les dijo: "Vengan en pos de Mí, y Yo los Haré pescadores de hombres"

²⁰ Entonces ellos, dejando al instante las redes, Lo siguieron.

²¹ Y pasando de allí, Jesús vio dos otros dos hermanos, Jacobo, hijo de Zebedeo, y Juan su hermano, en la barca con su padre Zebedeo, remendando sus redes, y los llamo.

²² Y Ellos, dejando al instante la barca ya su padre, Lo siguieron.

**DISCUTE**

• Cuando Jesús les pidió que lo siguieran, ¿qué dijo Él que haría de ellos?

• ¿Qué habían estado haciendo?

• ¿Qué crees que Jesús quiso decir con la frase "pescadores de hombres"?

*Líder: Pide que el grupo comparta en quince segundos o menos, lo que hacían algunos de ellos cuando Jesús los llamó por primera vez a creer en Él. ¿Por qué ellos le siguieron?*

**OBSERVA**

El lago donde los discípulos pescarían sería ¡el mundo! Podríamos decir que éste era el lago privado del diablo—¡o por lo menos eso creía él! Pero Jesús sabía que Él tenía muchos peces que necesitaban ser llevados al reino de Dios.

**Líder:** *En Mateo 10:16-22, tenemos una parte de las instrucciones que Jesús da a los doce discípulos (a quienes Él también designó como apóstoles), antes de enviarlos a las ovejas perdidas de la casa de Israel. Lee el pasaje en voz alta y pide al grupo...*

- *que encierre en un cículo cada instrucción que Jesús les da.*
- *que subraye todo lo que les iba a suceder.*

**DISCUTE**

- ¿Parece muy interesante o atractivo lo que dijo Jesús?

- ¿Cuáles son las cosas que podrían suceder o sucederán a ellos por ser Sus discípulos? Habla acerca de lo que has subrayado.

- ¿Cuáles son las instrucciones de Jesús?

## Mateo 10:16-22

16 "Miren, Yo los envío como ovejas en medio de lobos; por tanto, sean astutos como las serpientes e inocentes como las palomas.

17 Pero cuídense de los hombres, porque los entregarán a los tribunales y los azotarán en sus sinagogas;

18 y hasta serán llevados delante de gobernadores y reyes por Mi causa, como un testimonio a ellos y a los Gentiles.

19 Pero cuando los entreguen, no se preocupen de cómo o qué hablarán; porque a esa hora se les dará lo que habrán de hablar.

<sup>20</sup> Porque no son ustedes los que hablan, sino el Espíritu de su Padre que habla en ustedes.

• ¿Qué garantías les da? ¿Qué promesas de ayuda?

<sup>21</sup> "El hermano entregará a la muerte al hermano, y el padre al hijo; y los hijos se levantarán contra los padres, y les causarán la muerte.

• ¿Dirías que Jesús fue directo en cuanto a lo que significa seguirle? ¿Por qué?

<sup>22</sup> Y serán odiados de todos por causa de Mi nombre, pero el que persevere hasta el fin, ése será salvo.

• Si esas cosas te fueran a suceder a ti, ¿aún así, querrías seguir a Jesús?

• ¿Te das cuenta de que estas cosas les están sucediendo hoy a muchos cristianos alrededor del mundo? Y han sucedido en todas las épocas— ¡comenzando por Sus primeros doce discípulos!

## OBSERVA

*Líder: Lee en voz alta Mateo 10:24-31.*

- Marca cada referencia a **discípulo**, incluyendo pronombres, de la misma forma que marcaste las referencias a "seguir", subrayando y poniendo una flecha al final de la línea.

- Marca cada referencia a la palabra *temer* con varias rayitas como éstas.

## DISCUTE

- ¿Qué les enseñó Jesús acerca de la relación de un discípulo con su maestro?

- ¿A qué no deberían ellos temer? ¿A qué sí debían temer? (Haz una lista según los encabezados provistos).

**No temer**

**Temer**

### Mateo 10:24-31

24 "Un discípulo no está por encima del maestro, ni un siervo por encima de su señor.

25 Le basta al discípulo llegar a ser como su maestro, y al siervo como su señor. Si al dueño de la casa lo han llamado Beelzebú, ¡cuánto más a los de su casa!

26 "Así que no les tengan miedo, porque nada hay encubierto que no haya de ser revelado, ni oculto que no haya de saberse.

27 Lo que les digo en la oscuridad, háblenlo en la luz; y lo que oyen al oído, proclámenlo desde las azoteas.

[28] No teman a los que matan el cuerpo, pero no pueden matar el alma; más bien teman a Aquél que puede *hacer* perecer tanto el alma como el cuerpo en el infierno.

[29] ¿No se venden dos pajarillos por una monedita? Y *sin embargo*, ni uno de ellos caerá a tierra sin *permitirlo* el Padre.

[30] Y hasta los cabellos de la cabeza de ustedes están todos contados.

[31] Así que no teman; ustedes valen más que muchos pajarillos.

• ¿Cuáles son las razones por las cuáles ellos no deberían temer? ¿De qué pueden estar seguros los discípulos?

*Líder: Cuando se responda esta última pregunta, asegúrate que el grupo vea con mucho cuidado el versículo 29. No pasen por alto la frase "sin permitirlo el Padre", que significa "¡sin Su conocimiento y por lo tanto sin Su permiso!" Desarrollen este punto con los versículos 30-31.*

• ¿Cuáles son las instrucciones de Jesús en este pasaje? ¿Qué deben hacer Sus discípulos?

*Líder: Lee en voz alta el cuadro de Aclaración.*

## ACLARACIÓN

Beelzebú es un nombre de Satanás. Algunos acusaron a Jesús de ser del diablo, Satanás. Si ellos acusaron a Jesús de esto, entonces los discípulos podrían esperar ser acusados de lo mismo.

## OBSERVA

Jesús tiene más que decir a Sus discípulos, así que sigamos con Mateo 10:32-40.

**Líder:** *Lee en voz alta Mateo 10:32-40.*

- *Encierra en un círculo las palabras **todo el que, cualquiera** y **Él**.*
- *Marca con una cruz toda referencia a **Jesús**, incluyendo los pronombres:* ✝
- *Marca **por tanto** con tres puntos en forma de triángulo, así:* ∴

## DISCUTE

- *Por lo tanto, por tanto* y *así pues* son términos de conclusión— formas de resumir un pensamiento. Al leer esta porción, ¿viste algún cambio en lo que se había dicho? ¿Alguna conclusión? ¿Qué está sucediendo en los versículos 32-40?

- ¿Cuál es el contraste entre "todo" y "cualquiera" en los versículos 32-33? ¿Cuál es la respuesta de Jesús a ambas situaciones?

---

### Mateo 10:32-40

32 "Por tanto, todo el que Me confiese delante de los hombres, Yo también lo confesaré delante de Mi Padre que está en los cielos.

33 Pero cualquiera que Me niegue delante de los hombres, Yo también lo negaré delante de Mi Padre que está en los cielos.

34 "No piensen que vine a traer paz a la tierra; no vine a traer paz, sino espada.

35 Porque vine a PONER AL HOMBRE CONTRA SU PADRE, A LA HIJA CONTRA SU MADRE, Y A LA NUERA CONTRA SU SUEGRA;

<sup>36</sup> y LOS ENEMIGOS DEL HOMBRE *serán* los de su misma casa.

• ¿Parece esto severo o razonable de parte de Jesús? ¿Importa si es razonable o no?

<sup>37</sup> "El que ama al padre o a la madre más que a Mí, no es digno de Mí; y el que ama al hijo o a la hija más que a Mí, no es digno de Mí.

• ¿Qué quiere Jesús que Sus discípulos entiendan en los versículos 34-37? ¿Es ésta la primera vez que lees esto? ¿Qué se aclara aun más acerca de la relación de los discípulos con Jesucristo?

<sup>38</sup> Y el que no toma su cruz y sigue en pos de Mí, no es digno de Mí.

<sup>39</sup> El que ha hallado su vida, la perderá; y el que ha perdido su vida por Mi causa, la hallará.

• ¿Qué se requiere para tener esta clase de fidelidad a Jesucristo? ¿Cuál es la promesa para tal compromiso? (Mira detenidamente los versículo 38-39).

<sup>40</sup> "El que los recibe a ustedes, Me recibe a Mí; y el que Me recibe a Mí, recibe al que Me envió.

• En el versículo 40, ¿qué aprendes sobre la relación entre Jesús y Sus discípulos? ¿Qué aprendes sobre la relación de Jesús con el Padre?

*Líder: Lee en voz alta el cuadro de Aclaración.*

## ACLARACIÓN

La palabra griega traducida como *discípulo* viene de un verbo que significa "aprender". Un discípulo se juntaba con otro para adquirir conocimiento práctico o teórico, por medio de instrucción o experiencia. Era una palabra usada para principiantes que estaban aprendiendo un oficio, así como para estudiantes que estaban aprendiendo la filosofía de un maestro.

Discipulado era un concepto popular en la religión judía del tiempo de Jesús. Generalmente los discípulos dejaban su casa y se mudaban con su maestro, quien les proveía comida y alojamiento. Los discípulos se convertían en sus siervos y estaban bajo su total autoridad. Debían aprender todo lo que el maestro sabía—llegando a ser como él en carácter—y posteriormente trasmitir esto fielmente a otros.

## FINALIZANDO

Honestamente, ¿cómo te sientes cuando lees las Escrituras que hemos visto esta semana?

¿Qué tan relevantes crees que son para hoy?

¿Piensas que estas cosas tienen que ver únicamente con los doce discípulos de Jesús—o pueden aplicarse también a nosotros?

Estas son enseñanzas muy profundas, ¿verdad? ¿Habías reflexionado alguna vez, en que *todo* cristiano es llamado a ser un discípulo? – y si esto es así, ¿cómo el conocer y entender los requisitos de Jesús para el discipulado, podría cambiar la manera en que presentamos a Jesucristo a otros? ¿Qué piensas?

Habla con Dios sobre ello—pregúntale qué piensa Él...

Los doce discípulos fueron sólo el comienzo, Jesús quería que otros también le siguieran para que fueran Sus discípulos.

Cuando Jesús llamó a hombres y a mujeres a seguirlo, ¿qué esperaba de ellos? ¿Entendían a qué se les estaba llamando?

Esta semana vamos a ver otros pasajes que tratan de lo que significa ser un discípulo de Jesucristo—del costo de seguirlo.

## OBSERVA

*Líder: Lee en voz alta Marcos 8:34-38 impreso en las columnas de los lados en las páginas 14 y 15. Pide que el grupo repita en voz alta las palabras que van a marcar cuando tú las leas.*

- Jesús está hablando en este pasaje; por lo tanto, marca con una cruz todo pronombre que se refiera a Él, como **Sus, Mi, Mis, Su** y **toda referencia verbal**, para encontrar estas referencias, pregunta al texto quién está hablando.
- Marca **discípulos** subrayándolo y poniendo al final de la línea una flecha como ésta: ⟶
- Marca **alguien** (y todos los pronombres o sinónimos que se relacionan con "alguno") con una **A**.

## DISCUTE

- ¿A quién está hablando Jesús en estos versículos?

### Marcos 8:34-38

³⁴ Llamando Jesús a la multitud y a Sus discípulos, les dijo: "Si alguien quiere venir conmigo, niéguese a sí mismo, tome su cruz, y sígame.

③

³⁵ Porque el que quiera salvar su vida (su alma), la perderá; pero el que pierda su vida por causa de Mí y del evangelio (de las buenas nuevas), la salvará.

³⁶ O, ¿de qué le sirve a un hombre ganar el mundo entero y perder su alma?

³⁷ O, ¿qué dará un hombre a cambio de su alma?

• Cuando Jesús dijo, "si alguien quiere venir conmigo", el tiempo del verbo venir en griego implica una acción continua o habitual. Jesús no hablaba de un andar momentáneo. A la luz de esto y de lo que has aprendido acerca de un discípulo, ¿piensas que Jesús estaba hablando acerca de Sus discípulos cuando usó esta frase? Explica tu respuesta.

• Si una persona elige ir con Jesús, ¿qué cosas específicas debe hacer? Pon un número (1, 2, 3) encerrado en un círculo cerca de cada uno de esos temas en el texto. Mira el ejemplo en el versículo 34.

*Líder: Lee en voz alta el cuadro de Aclaración.*

## ACLARACIÓN

La cruz era un instrumento de tortura, usado por los romanos para castigar a los esclavos y extranjeros. Sin embargo, los ciudadanos romanos estaban exentos de la crucifixión, pues era considerada una forma vergonzosa de morir. A los que iban a ser crucificados, generalmente se les demandaba cargar la cruz o por lo menos el madero horizontal, hacia el lugar de la crucifixión. Este sitio estaba generalmente al final de un camino bastante transitado, los criminales llegaban a ser un espectáculo público. Su humillación, al morir de esa manera, podía ser vista por todos.

Las formas del verbo para "negar" y "tomar" están en el tiempo aoristo, que implica una acción en un punto determinado de tiempo. En otras palabras, es algo que tú decides y luego lo haces.

El verbo traducido como "seguir" está en tiempo presente y denota una acción continua. Así que, una vez que te niegas a ti mismo y tomas tu cruz, tu estilo de vida será seguir a Jesús continuamente.

[38] Porque cualquiera que se avergüence de Mí y de Mis palabras en esta generación adúltera y pecadora, el Hijo del Hombre también se avergonzará de él, cuando venga en la gloria de Su Padre con los santos ángeles."

## DISCUTE

- Cuando Jesús llamó a los discípulos a tomar su cruz, ¿qué les estaba diciendo en esencia?

- ¿Cómo el negarte a ti mismo y tomar tu cruz se relaciona con perder tu vida por causa de Jesús y del evangelio?

- ¿Qué en cuanto a aquellos que rehusan seguir a Jesús por causa del costo? ¿Qué aprendes acerca de ellos en este texto?

- Cuando el Hijo del Hombre venga en Su gloria con los santos ángeles, ¿de quién se avergonzará? ¿Por qué? ¿De qué se avergonzarían ellos? ¿Dónde?

- Detente a pensar dónde fue que esta persona se avergonzó de Jesús y de Sus palabras. ¿De qué clase de gente buscó aprobación en lugar de la de Jesús? Medita en esto cuando seas tentado a acobardarte frente a la gente del mundo, en lugar de mantenerte firme en Jesús y Su Palabra.

• ¿Crees que Jesús requiere, hoy en día, lo mismo de aquellos que desean ir con Él—o es sólo para un grupo escogido de creyentes?

• ¿Hay algo que te impida negarte a ti mismo? ¿Vale la pena?

• Si Jesús estuviera delante de ti diciéndote lo mismo, ¿cómo responderías a una invitación como ésta?

**OBSERVA**

*Líder: Lee en voz alta Lucas 14:25-27. Pide al grupo...*

• *Marcar toda referencia a **discípulo**.*

• *Colocar una cruz cada vez que se menciona a **Jesús**. Él es quien esta hablando en este pasaje.*

**DISCUTE**

• ¿A quién le habla Jesús en este pasaje?

• ¿Cuál es el tema?

## Lucas 14:25-27

25 Grandes multitudes acompañaban a Jesús; y Él, volviéndose, les dijo:

26 "Si alguien viene a Mí, y no aborrece a su padre y madre, a su mujer e hijos, a sus hermanos y hermanas, y aun hasta su propia vida, no puede ser Mi discípulo.

[27] El que no carga su cruz y Me sigue, no puede ser Mi discípulo.

• ¿Cuáles son las condiciones que Jesús establece para ser un discípulo?

*Líder: Puedes pedir al grupo que haga una lista de estas condiciones para tener una referencia rápida o que las enumere en el texto.*

• Si Dios es amor y ha dicho que nos amemos unos a otros y también a nuestros enemigos, ¿crees tú que Jesús está diciendo que para ser Su discípulo debes literalmente odiar a tus padres, cónyuge, hijos y parientes? Explica tu respuesta.

• ¿Podría ser que aquí la palabra aborrecer se usa como hipérbole (exageración deliberada para dar énfasis)? ¿Podría ser que nuestro amor hacia otros debería ser como odiarlos en comparación a—qué?

• ¿Qué significa aborrecer tu propia vida?

• ¿Qué te muestra esto sobre la lealtad de un discípulo a Jesucristo?

• ¿Te parece todo esto un costo demasiado alto para seguir a Jesús?

## OBSERVA

*Líder: Continúa leyendo Lucas 14:28-33.*

• *Marca cualquier referencia a Jesús, quien esta hablando, con una cruz.*

• *Marca cada vez que se mencione discípulo.*

## DISCUTE

• Jesús habla a las multitudes y les acaba de decir lo que tienen que hacer para venir a Él y ser Sus discípulos. ¿Qué les exhorta a hacer en los versículos 28-33 y por qué?

• ¿Tomarán ellos la decisión de seguirlo fácilmente? ¿Es ésta una decisión "fácil" de tomar? ¿Por qué no? ¿Qué debe hacer cualquiera que desea seguir a Jesús para ser Su discípulo? Escribe la forma en que Jesús lo explica en este pasaje.

• *Así pues,* en el versículo 33, es un término de conclusión. ¿Cuál es la conclusión de lo que Jesús dijo? ¿Qué te dice esto sobre el lugar que Jesús debe ocupar en la vida de un discípulo?

### Lucas 14:28-33

28 Porque, ¿quién de ustedes, deseando edificar una torre, no se sienta primero y calcula el costo, para ver si tiene *lo suficiente* para terminarla?

29 No sea que cuando haya echado los cimientos y no pueda terminar, todos los que lo vean comiencen a burlarse de él,

30 diciendo: 'Este hombre comenzó a edificar y no pudo terminar.'

31 ¿O qué rey, cuando sale al encuentro de otro rey para la batalla, no se sienta primero y delibera si con 10,000 *hombres es bastante*

fuerte para enfrentarse al que viene contra él con 20,000?

³² Y si no, cuando el otro todavía está lejos, le envía una delegación y pide condiciones de paz.

³³ Así pues, cualquiera de ustedes que no renuncie a todas sus posesiones, no puede ser Mi discípulo.

**Líder:** *Lee en voz alta el cuadro de Aclaración.*

### ACLARACIÓN

El verbo "renunciar" en Lucas 14:33 literalmente significa decir adiós (por salida o por abandono); figurativamente significa renunciar. En otras palabras, significa que estás dispuesto a dejar todo lo que tienes en la palma de tu mano. Y si Dios quiere, Él lo puede tomar.

Tal vez poseas algo—seas dueño de algo—pero no estás aferrado a ello. Estas dispuesto a dejarlo si es necesario para seguir en pos de Jesucristo.

### Lucas 12:51-53

⁵¹ ¿Piensan que vine a dar paz en la tierra? No, les digo, sino más bien división.

**OBSERVA**

**Líder:** *Lee en voz alta Lucas 12:51-53.*

- *Jesús está hablando aquí; marca todo pronombre e implicación verbal que se refiera a Él con una cruz.*
- *Marca las palabras división y divididos con una diagonal después de la segunda letra "i", así: divi/sión*

## DISCUTE

• De acuerdo a estos versículos, ¿qué trae Jesús? ¿Entre quiénes?

[52] Porque desde ahora en adelante, cinco en una casa estarán divididos; tres contra dos y dos contra tres.

• ¿Por qué? ¿Qué traería división?

• ¿Crees que podría haber división si un miembro de la familia decidiera ser un discípulo de Jesucristo—negarse a sí mismo, tomar su cruz y seguir a Jesús para siempre—y los otros miembros no quisieran hacerlo?

[53] Estarán divididos el padre contra el hijo y el hijo contra el padre; la madre contra la hija y la hija contra la madre; la suegra contra su nuera y la nuera contra su suegra."

• ¿Conoces a alguien que experimentó oposición o rechazo de su familia después de llegar a ser cristiano? Esto sucede en todo el mundo, especialmente cuando los miembros de la familia son de una fe diferente, como el Islam o el Hinduismo.

## FINALIZANDO

Discute lo que aprendiste estas dos últimas semanas sobre aquellos que serían discípulos de Jesucristo.

¿Te has detenido alguna vez a considerar seriamente el "costo" de ser un discípulo de Jesucristo?

Sería bueno terminar el estudio de esta semana con un tiempo de oración, discutiendo lo que has aprendido con el Padre y el Hijo— quienes, después de todo, son los que establecen los requisitos de tal compromiso.

¿Conoces a personas que dicen ser cristianas y creyentes en Jesús, pero cuyas vidas no te causaron buena impresión? Tal vez pensaste, "si eso es ser cristiano, no estoy seguro de querer serlo". O tal vez te preguntaste, "¿cuál es la diferencia entre aquellos que dicen ser cristianos y cualquier otro?"

Y ¿qué de aquellos que hacen milagros, echan fuera demonios y hablan en nombre de Dios? ¿Es eso evidencia concreta de que son cristianos?

Esta semana vamos a ver diferentes grupos de personas y a descubrir lo que Jesús dijo acerca de ellos y veremos quién es verdaderamente un seguidor Suyo que irá al cielo con Él.

## DISCUTE

• ¿Cómo ve la sociedad en general a los cristianos? ¿Qué cree la gente de ellos y de la imagen que proyectan? ¿Hay alguna característica, positiva o negativa, que describa a los cristianos?

• Cuándo ves personas que se llaman a sí mismos cristianos, ¿cuál es tu impresión general de ellos?

## OBSERVA

¿Es posible para una persona creer que es cristiana, que va a ir al cielo y aún así estar engañada?

Examinemos lo que Jesús dijo a algunos de Sus seguidores un día sobre un monte cubierto de hierba, frente al Mar de Galilea. Es la conclusión de un mensaje que Jesús dio a Sus discípulos y a otros que se sentían atraídos a Él por todas las cosas asombrosas que le oyeron decir y le vieron hacer.

## Mateo 7:13-14

[13] "Entren por la puerta estrecha, porque ancha es la puerta y amplia es la senda que lleva a la perdición (destrucción), y muchos son los que entran por ella.

[14] Pero estrecha es la puerta y angosta la senda que lleva a la vida, y pocos son los que la hallan.

*Líder: Pide que el grupo lea Mateo 7:13-14 en voz alta. Luego pídeles que lo lean otra vez en forma individual y que escriban bajo los encabezados. "Puerta Estrecha" y "Puerta Ancha", lo que han aprendido del texto sobre estas dos puertas distintas y sobre aquellos que entran por ellas.*

**Puerta Estrecha**

**Puerta Ancha**

**DISCUTE**

- ¿Qué aprendes sobre estas dos puertas?

- ¿En qué difieren?

- ¿Hacia dónde llevan?

- ¿Quién está caminando a través de ellas?

## OBSERVA

*Líder: Lee en voz alta Mateo 7:15-23.*

- *Marca toda referencia a **falsos profetas** (incluyendo los sinónimos y pronombres) con una **X** grande. Cuando encuentres la palabra **profecía**, pon una **X** sobre ella y enciérrala en un círculo.*

- *Marca toda referencia a **fruto** con este símbolo:*

Para distinguir el fruto malo del bueno, pon una raya diagonal sobre el símbolo, así:

*Líder: Antes de discutir lo que observaron en el texto, lee en voz alta el cuadro de Aclaración.*

### ACLARACIÓN

Los falsos profetas proclamaban ser mensajeros de Dios. Así como los verdaderos profetas, ellos proclamarían un mensaje aparentemente de Dios al pueblo que trataba con una situación presente o con el futuro.

*(continúa en la página siguiente)*

## Mateo 7:15-23

¹⁵ "Cuídense de los falsos profetas, que vienen a ustedes con vestidos de ovejas, pero por dentro son lobos rapaces.

¹⁶ Por sus frutos los conocerán. ¿Acaso se recogen uvas de los espinos o higos de los cardos?

¹⁷ Así, todo árbol bueno da frutos buenos; pero el árbol malo da frutos malos.

¹⁸ Un árbol bueno no puede producir frutos malos, ni un árbol malo producir frutos buenos.

¹⁹ Todo árbol que no da buen fruto es cortado y echado al fuego.

---

*(continúa de la página anterior)*

A través de las Escrituras encontramos referencias a verdaderos profetas, tales como Daniel, Ezequiel y Jeremías, quienes tenían mensajes genuinos de parte de Dios. También hay varias referencias a falsos profetas que daban mensajes o relataban sueños y visiones que no eran de Dios.

Los falsos profetas, por lo general, traían mensajes que eran contrarios a los de los verdaderos profetas.

Sus mensajes eran más llamativos, porque la gente prefería escuchar mensajes positivos que prometían cosas buenas, que los mensajes que advertían juicio y llamaban a la gente al arrepentimiento y a la justicia. Los verdaderos profetas confrontaban el pecado, los falsos sólo lo encubrían.

El dilema que enfrentaba el pueblo era éste: ¿Cómo poder distinguir entre un profeta verdadero y un profeta falso?

## DISCUTE

- ¿Qué aprendes sobre los falsos profetas al marcar el texto?

- ¿A qué se comparan los falsos profetas en el versículo 15?

- De acuerdo a Jesús, ¿cómo reconoce una persona a un falso profeta? ¿Cómo conocerás a un falso profeta?

- De acuerdo a los versículos que acabas de leer, ¿qué le muestra a una persona si un árbol es bueno o es malo?

- ¿Podría un falso profeta proclamar que va a ir al cielo—y hasta creerlo?

- ¿Podrían él o ella afirmar que conocen el camino al cielo?

- ¿Qué piensan los "muchos" en el versículo 22 y por qué?

- ¿Qué les dice Jesús y por qué?

[20] Así que, por sus frutos los conocerán.

[21] "No todo el que Me dice: 'Señor, Señor,' entrará en el reino de los cielos, sino el que hace la voluntad de Mi Padre que está en los cielos.

[22] Muchos Me dirán en aquel día: 'Señor, Señor, ¿no profetizamos en Tu nombre, y en Tu nombre echamos fuera demonios, y en Tu nombre hicimos muchos milagros?'

[23] Entonces les declararé: 'Jamás los conocí; apartense de Mí, los que practican la iniquidad.'

• De acuerdo al versículo 21, ¿quién va a entrar en el reino de los cielos?

• ¿A quiénes les va a decir, Jesús, que se aparten de Él porque *jamás* los conoció? ¿Cómo se les describe en el versículo 23?

• ¿Ves alguna relación entre el fruto malo y la práctica de la iniquidad, la desobediencia?

### Mateo 7:13-15, 22

13 "Entren por la puerta estrecha, porque ancha es la puerta y amplia es la senda que lleva a la perdición (destrucción), y muchos son los que entran por ella.

14 Pero estrecha es la puerta y angosta la senda que lleva a la vida, y pocos son los que la hallan.

## OBSERVA

*Líder: Lee en voz alta Mateo 7:13-15, 22 otra vez y pide al grupo que subraye los mandatos.*

## DISCUTE

• ¿Cuáles son los dos mandatos que Jesús les da a Sus oyentes en estos versículos?

• ¿Ves alguna relación entre estas dos advertencias?

## OBSERVA

*Líder: Lee al grupo en voz alta Mateo 7:13 y 7:22.*

- *Pide que el grupo marque la palabra* **muchos** *con una línea ondeada como ésta:* ⁓⁓⁓
- *En el versículo 22, ¿cuáles son las tres cosas que "muchos" afirman haber hecho? Pide al grupo que ponga un número (1, 2, 3) encerrado en un círculo cerca de cada una de estas cosas.*

## DISCUTE

- ¿Qué observas al marcar *muchos*?

- ¿Ves alguna relación entre la ilustración de las dos puertas, la ilustración de los dos árboles y la de los falsos profetas?

- ¿Por qué puerta crees que los falsos profetas guían al pueblo? ¿Por qué?

[15] "Cuídense de los falsos profetas, que vienen a ustedes con vestidos de ovejas, pero por dentro son lobos rapaces.

[22] Muchos Me dirán en aquel día: 'Señor, Señor, ¿no profetizamos en Tu nombre, y en Tu nombre echamos fuera demonios, y en Tu nombre hicimos muchos milagros?'

## Mateo 7:24-29

²⁴ "Por tanto, cualquiera que oye estas palabras Mías y las pone en práctica, será semejante a un hombre sabio que edificó su casa sobre la roca;

²⁵ y cayó la lluvia, vinieron los torrentes, soplaron los vientos y azotaron aquella casa; pero no se cayó, porque había sido fundada sobre la roca.

²⁶ Todo el que oye estas palabras Mías y no las pone en práctica, será semejante a un hombre insensato que edificó su casa sobre la arena;

## OBSERVA

*Líder: Lee en voz alta Mateo 7:24-29. Pide que el grupo diga "hombre sabio" cuando encuentren la frase en el texto y también que digan "hombre insensato" cuando ésta se mencione.*

- *Encierra en un rectángulo las referencias al **hombre sabio** y las del **hombre insensato** colocando una diagonal a través del rectángulo:* ▭
- *Subraya todas las veces que aparezca la frase **cualquiera** o **todo el que oye estas palabras Mías**.*

## DISCUTE

- ¿Qué aprendes del hombre sabio y del hombre insensato? ¿Y sobre sus casas? ¿Dónde las construyeron? ¿Cómo resistieron las tormentas?

- ¿Por qué crees que Jesús usó las ilustraciones de la lluvia, los torrentes y el viento? En este mismo mensaje que Jesús dio, Él dijo: "Bienaventurados aquéllos que han sido perseguidos por causa de la justicia, pues de ellos es el reino de los cielos. Bienaventurados serán cuando los insulten y persigan y digan todo género de mal contra ustedes falsamente, por causa de Mí. Regocíjense y alégrense, porque la recompensa de ustedes en los cielos es grande, porque así persiguieron a los profetas que fueron antes que ustedes." (Mateo 5:10-12). ¿Ves alguna posible similitud entre la persecución y la lluvia, los torrentes y el viento? ¿Qué hace que una casa permanezca en pie y que la otra caiga?

- ¿Qué diferencia al hombre sabio del insensato? ¿Qué hace a alguien ser insensato?

- ¿Qué observaste al subrayar "cualquiera y todo el que oye estas palabras Mías?"

- Jesús mencionó dos puertas, dos clases de árboles y ahora dos clases de hombres— todo esto para ilustrar la verdad. ¿Hay alguna comparación entre las dos puertas, los dos árboles y los dos hombres? ¿Hay similitudes? ¿Cuáles?

- De acuerdo a los pasajes que estás estudiando, si crees en un falso profeta, en lugar de creer en Jesús, el verdadero profeta, ¿a dónde te conducirá esto?

27 y cayó la lluvia, vinieron los torrentes, soplaron los vientos y azotaron aquella casa; y cayó, y grande fue su destrucción."

28 Cuando Jesús terminó estas palabras, las multitudes se admiraban de Su enseñanza;

29 porque les enseñaba como Uno que tiene autoridad, y no como sus escribas.

## FINALIZANDO

Es importante detenerse y considerar cómo se aplica todo esto a nosotros. ¿Cuáles son las lecciones que podemos aprender de este pasaje?

Primero que todo, necesitamos ver que el fruto y las obras son sinónimos. El fruto es lo que tu vida produce. El fruto malo no es una simple manzana podrida colgando en tu rama—al contrario, es la totalidad del fruto lo que demuestra qué clase de árbol se es. ¡La raíz es la que produce el fruto!

Los que pensaron que iban a ir al cielo—quienes llamaron a Jesús "Señor" y echaron fuera demonios, profetizaron en Su nombre e hicieron milagros—no irán al cielo porque practicaron la iniquidad, la desobediencia. Éste era su estilo de vida, su fruto. Ellos escucharon las palabras de Jesús, pero no actuaron de acuerdo a ellas.

Ellos tomaron un camino ancho, a través de una puerta ancha y descubrieron que los guiaba a la destrucción: "Jamás los conocí; apártense de Mí".

Ellos construyeron sus casas sobre la arena ya que escucharon las palabras de Jesús pero no actuaron conforme a ellas. Sus obras; su fruto, no fue la obediencia—fue la iniquidad, la desobediencia.

¿Qué significa la Palabra de Dios para ti? ¿Qué te ha enseñado Dios?

¿Cuáles son los dos mandatos que viste? Repásalos.

¿Qué debes hacer? Comparte lo que Dios te enseñó—o confirmó en estos últimos treinta y cinco minutos.

¿Puede una persona profetizar en el nombre de Jesús, echar fuera demonios, realizar milagros y *no* ir al cielo? ¿Cómo lo sabes? ¿Entonces deberías sorprenderte por esas obras cuando las veas o las escuches de ellos? ¿Qué deberías examinar? ¿Por qué?

¿Qué tan importante es que escuches a la persona correcta, que sigas a la persona correcta?

¿Qué tan importante es que conozcas la Palabra de Dios por ti mismo?

¿Ves alguna similitud entre lo que has estudiado esta semana y lo que estudiaste las dos semanas anteriores?

Estos no son versículos de la Escritura fáciles de tratar, ¿verdad? Sabemos que este es un estudio de confrontación—¡pero las recompensas son grandes!

Estos son pasajes cruciales si quieres tener un entendimiento bíblico acerca de la salvación y lo que significa ser un discípulo. Son verdades de mucho valor—verdades en las que debes meditar, orar y posiblemente estudiar aún más en el futuro.

Hemos visto el llamado de un discípulo y el costo del discipulado. Ahora vamos a ver el compromiso de un discípulo.

¿Qué confirma si una persona es un verdadero discípulo de Jesucristo o no? ¿Es posible ser un discípulo, un aprendiz, un seguidor por un tiempo y no ser un verdadero creyente en el Señor Jesucristo y por consiguiente perderse por nunca haber recibido el don de la vida eterna y en su lugar pasar la eternidad en el lago de fuego?

Esto es lo que queremos ver esta semana.

## OBSERVA

Durante el tercer año del ministerio de Jesús, Su popularidad estaba disminuyendo. La oposición estaba creciendo. En Juan 6 leemos lo que Jesús enseñó en la sinagoga en Capernaúm, Él claramente explicó que Él era el pan de vida enviado por el Padre y que sólo aquellos que comen de Su carne y beben de Su sangre permanecerán en Él y vivirán para siempre. En otras palabras, permanecer (continuar, mantenerse) en Jesús, era el único medio para la vida eterna.

Las palabras de Jesús no fueron bien recibidas por todos.

*Líder: Lee en voz alta Juan 6:60-71.*

- *Marca toda referencia a **discípulos** (incluyendo los pronombres y los sinónimos tales como a **los doce**).*

### Juan 6:60-71

⁶⁰ Por eso muchos de Sus discípulos, cuando oyeron esto, dijeron: "Dura es esta declaración; ¿quién puede escucharla?"

⁶¹ Pero Jesús, consciente de que Sus discípulos murmuraban por esto, les dijo: "¿Esto los escandaliza (los hace tropezar)?

⁶² ¿Pues qué si vieran al Hijo del Hombre ascender adonde estaba antes?

⁶³ El Espíritu es el que da vida; la carne para nada aprovecha; las palabras que Yo les he hablado son espíritu y son vida.

⁶⁴ Pero hay algunos de ustedes que no creen." Porque Jesús sabía desde el principio quiénes eran los que no creían, y quién era el que Lo iba a traicionar (entregar).

⁶⁵ También decía: "Por eso les he dicho que nadie puede venir a Mí si no se lo ha concedido el Padre."

⁶⁶ Como resultado de esto muchos de Sus discípulos se apartaron y ya no andaban con El.

• *Coloca una C grande sobre cada referencia a creer.*

**DISCUTE**

• ¿Cuál es el ambiente en los versículos 60- 61 y por qué?

• Avancen a través del texto, versículo por versículo y discutan lo que aprenden en cada uno de ellos acerca de los discípulos. ¿Cuál es el problema en el versículo 64?

• ¿Qué aprendes de las palabras de Jesús en el versículo 63? De acuerdo a este pasaje, ¿cómo respondieron algunos de los discípulos de Jesús a lo que Él dijo? Si pasas por alto las palabras de Jesús— no las crees—¿qué estarás perdiendo?

• Mira el versículo 66. ¿Por qué muchos discípulos se apartaron—no anduvieron más con Jesús? Considera todo el contexto de los versículos 60-66 al dar tu respuesta.

• ¿Cambió Jesús Su mensaje, lo suavizó o lo ajustó para que ellos se quedaran? ¿Qué te dice esto sobre nuestra responsabilidad— la responsabilidad de la iglesia frente a la gente que viene a indagar acerca de Jesús y del cristianismo?

• ¿Qué acerca de los doce? ¿Qué aprendes sobre ellos?

• ¿Con cuál otro versículo tiene similitud el versículo 68?

• ¿Qué te dice esto sobre la importancia de la Palabra de Dios? ¿De su valor? ¿De su poder?

• ¿Si alguien te preguntara si es posible llamarse a uno mismo discípulo de Jesucristo y en realidad no ser un verdadero seguidor Suyo, ¿cuál sería tu respuesta de acuerdo a este pasaje?

**OBSERVA**

Veamos lo que Jesús dice acerca de un verdadero discípulo.

⁶⁷ Entonces Jesús dijo a los doce *discípulos:* "¿Acaso también ustedes quieren irse?"

⁶⁸ Simón Pedro Le respondió: "Señor, ¿a quién iremos? Tú tienes palabras de vida eterna.

⁶⁹ Y nosotros hemos creído y sabemos que Tú eres el Santo de Dios."

⁷⁰ Jesús les respondió: "¿No los escogí Yo a ustedes, los doce, y *sin embargo* uno de ustedes es un diablo?"

⁷¹ Él se refería a Judas, *hijo* de Simón Iscariote, porque éste, uno de los doce, Lo iba a entregar.

### Juan 8:31

Entonces Jesús decía a los Judíos que habían creído en Él: "Si ustedes permanecen en Mi palabra, verdaderamente son Mis discípulos;

**Líder:** *Pide que el grupo lea contigo en voz alta Juan 8:31.*

- *Marca las referencias a **discípulos**.*
- *Marca creer con una **C** grande.*
- *Encierra en un círculo la palabra **si** y subraya con doble línea la frase **verdaderamente son Mis discípulos**.*

**Líder:** *Lee en voz alta el cuadro de Aclaración.*

### ACLARACIÓN

El verbo griego traducido como *permanecen* en Juan 8:31 significa perseverar o mantenerse (en un lugar dado, estado, relación o espera). En el griego, este versículo se presenta como una declaración condicional—"*si* ustedes permanecen"—algo que esta por verse. El texto está diciendo que si tú perseveras o permaneces en las enseñanzas de Jesús, ha de confirmar que eres un discípulo genuino. La validación de un verdadero discípulo es no apartarse de la Palabra de Dios, sino permanecer en ella... seguir creyendo, continuar en pos de y así ordenar tu vida de acuerdo a la Palabra.

**DISCUTE**

• ¿A quién está hablando Jesús en Juan 8:31?

• ¿Qué te dice el pasaje acerca de ellos?

• ¿Cuál es la amonestación de Jesús para ellos? ¿Cuál es el compromiso de un verdadero discípulo?

**OBSERVA**

Los capítulos 13 al 16 del evangelio de Juan se conocen como el "Discurso del Aposento Alto". En Juan 13 tenemos un relato de la última celebración de Jesús de la Pascua, comúnmente llamada la "Última Cena". Este relato cuenta de la traición de Judas a Jesús. La lealtad de Judas había terminado, él no "permanecería", no se mantendría fiel a Jesucristo. Lo negaría como el Cristo por treinta piezas de plata.

Después que Judas dejó el Aposento Alto, Jesús habló a los once que quedaron.

## Juan 13:34-35

³⁴ Un mandamiento nuevo les doy: 'que se amen los unos a los otros;' que como Yo los he amado, así también se amen los unos a los otros.

³⁵ En esto conocerán todos que son Mis discípulos, si se tienen amor los unos a los otros."

*Líder: Lee en voz alta Juan 13:34-35.*

• *Marca otra vez toda referencia a **discípulos**.*

• *Pon un corazón cada vez que se mencione **amar**:*

• *Encierra en un círculo que como yo.*

## DISCUTE

• De acuerdo a estos versículos, ¿qué prueba a otros que una persona es un discípulo de Jesucristo?

• Por lo general, ¿caracteriza el amor a aquellos que dicen conocer a Jesucristo?

• La ley dijo que deberíamos amar a otros como a nosotros mismos, pero ahora el amor se toma en un nuevo plano. ¿Cómo debemos amar ahora a otros?

• ¿Hasta que punto nos amó Jesús? ¿Ves alguna similitud aquí con la negación de uno mismo y el tomar la cruz? ¿Ves alguna similitud con el camino angosto, la puerta estrecha, con los pocos?

• ¿Cumplió Judas estos requisitos? ¿Cómo lo sabes?

## OBSERVA

Deseamos establecer el contexto que corresponde a Juan 15. En los capítulos 13 y 14 de Juan, Jesús está todavía en el Aposento Alto con Sus discípulos. Judas sale para entregar a Jesús. Juan 14 termina con la declaración de Jesús: "Levántense, vámonos de aquí". Entonces Jesús y Sus once discípulos salieron del Aposento Alto para ir al Huerto de Getsemaní en el Monte de los Olivos, donde Él sería arrestado después que Judas lo traicionara con un beso.

Once de los doce discípulos habían permanecido fieles—uno se había apartado. Judas no se fue en Juan 6, cuando Jesús se volvió a los doce y dijo: "¿Acaso también ustedes quieren irse?" Sin embargo, ¡lo hizo ahora!

Judas escogió no permanecer, no perseverar en su relación con Jesucristo.

Creemos que esto fue lo que provocó a Jesús a enseñar el significado de permanecer y de lo que sucede si no lo haces.

*Líder: Lee en voz alta Juan 15:1-8. Esta es una alegoría. Una alegoría es como una metáfora expandida. Es la descripción de una cosa usando la figura de otra.*

## Juan 15:1-8

[1] "Yo soy la vid verdadera, y Mi Padre es el viñador.

[2] Todo sarmiento que en Mí no da fruto, lo quita; y todo el que da fruto, lo poda para que dé más fruto.

[3] Ustedes ya están limpios por la palabra que les he hablado.

[4] Permanezcan en Mí, y Yo en ustedes. Como el sarmiento no puede dar fruto por sí mismo si no permanece en la vid, así tampoco ustedes si no permanecen en Mí.

[5] Yo soy la vid, ustedes los sarmientos; el que permanece en Mí

- *Marca toda referencia a **Jesús** con una cruz.*
- *Marca toda referencia a **fruto** con este símbolo:* 🍎
- *Encierra en un cuadro toda referencia a **permanecer**. Si dice "no permanece" entonces pon una línea diagonal sobre el cuadro.*

## DISCUTE

- ¿Con qué se compara Jesús? ¿Con qué compara a Sus discípulos?

- ¿Qué aprendiste al marcar *permanecer*? ¿Qué sucede con aquellos que permanecen en Jesús? Sé explícito en tu respuesta.

- ¿Qué sucede con aquellos que no permanecen en Jesús?

• ¿Cómo comprobamos que una persona es verdaderamente un discípulo de Jesucristo?

• Ahora piensa sobre lo que aprendiste en la Tercera Semana de este estudio sobre las dos clases de puertas, los dos árboles y las dos clases de hombres. Aquí en Juan 15 tienes a los que permanecen y los que no permanecen (al igual que Judas). ¿Encuentras algunas similitudes? ¿Adónde nos lleva la puerta ancha? ¿Qué sucede con el árbol que no da buenos frutos? ¿Qué pasa con el hombre insensato? ¿Qué le pasa a la rama (el discípulo) que no permanece?

• Si eres un verdadero discípulo de Jesucristo, ¿darás fruto? ¿De dónde vendrá el fruto? ¿Qué debes hacer para producir ese fruto?

y Yo en él, ése da mucho fruto, porque separados de Mí nada pueden hacer.

⁶ Si alguien no permanece en Mí, es echado fuera como un sarmiento y se seca; y los recogen, los echan al fuego y se queman.

⁷ Si permanecen en Mí, y Mis palabras permanecen en ustedes, pidan lo que quieran y les será hecho.

⁸ En esto es glorificado Mi Padre, en que den mucho fruto, y así prueben que son Mis discípulos.

## Juan 15:16

Ustedes no me escogieron a Mí, sino que Yo los escogí a ustedes, y los designé para que vayan y den fruto, y que su fruto permanezca; para que todo lo que pidan al Padre en Mi nombre se lo conceda.

**OBSERVA**

*Líder: Pide que el grupo lea en voz alta Juan 15:16. Jesús está hablando a once de los Doce.*

- *Marca toda referencia a los **discípulos**.*
- *Marca toda referencia a **fruto**.*

**DISCUTE**

- ¿Qué aprendes en estos versículos sobre los verdaderos discípulos de Jesús?

- ¿Qué aprendes sobre su fruto?

- ¿Qué se les promete a ellos?

## FINALIZANDO

Ahora, ¿cómo te ha hablado Dios? ¿Qué te ha mostrado Él en estos últimos cuarenta minutos?

¿Cómo te sientes? ¿Cuáles son tus preguntas?

¿Estás dando fruto de una u otra forma? ¿Qué es fruto? Es el producto de creer y obedecer a Jesús.

Si tienes tiempo, dedica unos minutos diciéndole a Dios en una oración breve lo que hay en tu corazón respecto a lo que has aprendido.

(Si quisieras estudiar más detalladamente la vida de Jesucristo, te encantará la nueva *Serie Internacional de Estudios Inductivos*, sobre el libro de Lucas titulado *El Llamado a Seguir a Jesús*. Es un estudio diseñado para grupos pequeños, clases de Escuela Dominical, células en hogares o estudio individual. Requiere alrededor de quince minutos de trabajo diario en casa e incluye una discusión semanal).

Hemos visto el llamado a los discípulos, el costo del discipulado y el compromiso de ser un discípulo. Ahora queremos ver la comisión a los discípulos—y lo que significa para nosotros hoy.

La hora de Jesús había llegado. Estaba por llegar la hora de los discípulos. Jesús estaba por completar la obra que el Padre le había dado: Dejar a Sus discípulos y regresar a Él.

Pero todavía había una gran cantidad de hombres, mujeres y niños que necesitaban escuchar las buenas nuevas de Su muerte y Su resurrección, que sus pecados podían ser perdonados, que el poder del pecado podía ser quebrantado; que ellos podían llegar a ser nuevas criaturas en Jesucristo, hijos de Dios, discípulos del Señor Jesús.

Sin embargo, antes que Jesús se fuera, habían verdades vitales que los discípulos debían conocer. Una comisión tenía que encargarse.

## OBSERVA

Al pasar Jesús a través del Valle de Cedrón, en dirección a Su lugar favorito en el Huerto de Getsemaní, sabía perfectamente lo que a Él y a Sus discípulos les esperaba. Por lo tanto, usó esos preciosos momentos para prepararlos para la tribulación que enfrentarían como Sus seguidores—porque el discípulo iba a llegar a ser como Su maestro.

Continuemos en Juan 15, donde nos quedamos la semana pasada.

## Juan 15:16-20

¹⁶ Ustedes no me escogieron a Mí, sino que Yo los escogí a ustedes, y los designé para que vayan y den fruto, y que su fruto permanezca; para que todo lo que pidan al Padre en Mi nombre se lo conceda.

¹⁷ Esto les mando: que se amen los unos a los otros.

¹⁸ "Si el mundo los odia, sepan que Me ha odiado a Mí antes que a ustedes.

¹⁹ Si ustedes fueran del mundo, el mundo amaría lo suyo; pero como no son del mundo, sino que Yo los escogí de entre el mundo, por eso el mundo los odia.

**Líder:** *Lee en voz alta Juan 15:16-20. Jesús está hablando a los once discípulos.*

- *Marca cada pronombre que se refiere a los **discípulos** como lo has hecho antes.*
- *Marca las menciones a **amar** con un corazón y a odiar con un corazón atravesado por una diagonal, así:*

**DISCUTE**

- ¿Qué aprendes al marcar las referencias a los discípulos? Revisa estos versículos uno por uno.

- En el versículo 20, Jesús les recuerda que "un siervo no es mayor que su señor". Los discípulos no estaban por encima de su maestro. ¿Qué hizo la gente a Jesús durante Sus tres años y medio de ministerio público?

- ¿Crees que los cristianos esperan sufrir como seguidores de Jesucristo? ¿Qué causa el sufrimiento?

• ¿Te has dado cuenta que mientras más llegas a ser como Cristo y lo sigues más de cerca, es cuando más podrías sufrir, simplemente porque estás cada vez menos de acuerdo con la cultura del mundo? ¿Has experimentado esto alguna vez? ¿Cómo?

[20] Acuérdense de la palabra que Yo les dije: 'Un siervo no es mayor que su señor.' Si Me persiguieron a Mí, también los perseguirán a ustedes; si guardaron Mi palabra, también guardarán la de ustedes.

• ¿Ves hoy gente que es perseguida porque está viviendo como Jesús—haciendo lo correcto delante de Dios, compartiendo Sus verdades, no comprometiéndose ni estando de acuerdo con lo que requeriría ir en contra de la Palabra de Dios?

## OBSERVA

Después que Jesús les dijo a los Once que el mundo lo odiaba y perseguía y que haría lo mismo con ellos, les recordó que aunque Él se iba muy lejos, Dios les estaba enviando un Consolador, alguien como Él. El Consolador es el Espíritu Santo, quien vivirá en ellos. Esta es la promesa del Padre.

## Juan 15:26-27

²⁶ "Cuando venga el Consolador, a quien yo enviaré del Padre, es decir, el Espíritu de verdad que procede del Padre, El dará testimonio de Mí,

²⁷ y ustedes también darán testimonio, porque han estado junto a Mí desde el principio.

**Líder:** *Lee en voz alta 15:26-27.*

• *Marca toda referencia a* **Consolador** *con una* **C** *grande, incluyendo los sinónimos y los pronombres.*

• *Marca la palabra* **testimonio**, *subrayándola y añadiéndole una flecha que señale hacia arriba:* ↑.

## DISCUTE

• ¿Qué aprendes al marcar las referencias al Consolador?

• ¿De quién da el Espíritu testimonio (testifica)?

• ¿Qué debían hacer los discípulos? ¿Testificar de quién?

## OBSERVA

*Líder: Lee en voz alta Juan 16:7-14.*

- *Una vez más marca toda referencia al Consolador y al Espíritu, incluyendo los pronombres y los sinónimos.*

- *Marca cualquier referencia al mundo, incluyendo pronombres, con un círculo grande:* ◯

## DISCUTE

- ¿Qué aprendes al marcar las referencias al Espíritu, el Consolador?

- ¿Quién envía al Consolador?

- ¿Qué le tiene que suceder a Jesús antes que el Consolador pueda ser enviado?

- ¿Vendrá el Consolador al mundo o a los discípulos?

- ¿Qué hará Él a través de los discípulos? En el texto, enumera las tres cosas de las cuales Él convencerá al mundo por medio de los discípulos.

### Juan 16:7-14

⁷ Pero Yo les digo la verdad: les conviene que Yo me vaya; porque si no me voy, el Consolador (Intercesor) no vendrá a ustedes; pero si me voy, se Lo enviaré.

⁸ Y cuando Él venga, convencerá (culpará) al mundo de pecado, de justicia y de juicio;

⁹ de pecado, porque no creen en Mí;

¹⁰ de justicia, porque Yo voy al Padre y ustedes no Me verán más;

¹¹ y de juicio, porque el príncipe de este mundo ha sido juzgado.

¹² "Aún tengo muchas cosas que decirles, pero ahora no las pueden soportar.

¹³ Pero cuando Él, el Espíritu de verdad venga, los guiará a toda la verdad, porque no hablará por Su propia cuenta, sino que hablará todo lo que oiga, y les hará saber lo que habrá de venir.

¹⁴ Él Me glorificará, porque tomará de lo Mío y se *lo* hará saber a ustedes.

- ¿Qué más hará el Consolador?

- De acuerdo al versículo 9, ¿por qué el Espíritu convence al mundo de pecado?

- ¿Qué aprendiste del versículo 10 sobre la obra del Consolador de convencer al mundo de justicia?

- ¿Cómo puede el mundo ser convencido de justicia si Jesús ya no está? ¿Será porque el mundo verá Su justicia *en nosotros*—que no vivimos en continuo pecado al igual que las otras personas?

- Piensa en esto: El mundo no puede ver a Jesús porque Él no está aquí. Pero Él vive en ti y por lo tanto tú no vives como vivías antes de llegar a ser Su seguidor. No vives de la forma en que lo hace el resto del mundo. Ahora vives en la justicia— vives de acuerdo a las normas de Dios. Por lo tanto, el mundo es convencido de justicia por el Espíritu Santo en ti, porque ellos ven que es posible para un hombre o una mujer vivir una vida piadosa.

- ¿Está el mundo en general siendo convencido de justicia por la iglesia? ¿Qué te dice esto sobre el estado de aquellos que profesan ser cristianos?

- ¿Qué aprendiste en el versículo 11 sobre el mundo siendo declarado culpable de juicio por el Consolador en nosotros?

- Piensa sobre esto: Cuando llegaste a ser un hijo de Dios, un creyente verdadero, pasaste del reino de las tinieblas al reino de la luz. Ya no estás más bajo el dominio de Satanás, porque Dios ha llegado a ser tu Padre. Por lo tanto, Satanás ha sido juzgado. El gobernador de este mundo ha sido juzgado y ya no tiene poder alguno sobre ti. Tus pecados han sido perdonados; el poder de Satanás ha sido quebrantado. Tú estás sentado a la diestra de Dios sobre todo poder, autoridad, dominio y sobre todo nombre en los cielos y en la tierra.

- ¿Cómo podemos, los seguidores de Jesucristo, vivir de tal forma que el mundo sea convencido por el Espíritu dentro de nosotros, de pecado, de justicia y de juicio? Menciona algunas formas prácticas.

**OBSERVA**

Después que Jesús murió por los pecados de la humanidad, fue sepultado y resucitado de la muerte al tercer día, Él pasó los siguientes cuarenta días con Sus discípulos, instruyéndolos acerca del reino de Dios (Hechos 1:3).

Antes que Jesús los dejara para ir al Padre, les dio una comisión.

## Mateo 28:16-20

<sup>16</sup> Pero los once discípulos se fueron a Galilea, al monte que Jesús les había señalado.

<sup>17</sup> Cuando Lo vieron, *Lo* adoraron; pero algunos dudaron.

<sup>18</sup> Acercándose Jesús, les dijo: "Toda autoridad Me ha sido dada en el cielo y en la tierra.

*Líder: Lee en voz alta Mateo 28:16-20.*
- *Marca toda referencia a los **discípulos** subrayándola con una flecha, como antes:* ⟶
- *Marca el termino de conclusión "**pues**" con tres puntos en forma de triángulo:* ∴

*Cuando hayas hecho esto, pide al grupo que lea el pasaje por segunda vez.*
- *Encierra en un círculo* ⟨toda⟩ ⟨todas⟩ *y la palabra o frase que modifiquen.*
- *También subraya los **verbos** en los versículos 19-20 que nos dicen lo que Jesús quiere que los discípulos hagan.*

**DISCUTE**

- ¿Qué estaba Jesús comisionando a los discípulos a hacer?

- ¿Sobre qué base?

*Líder: Lee el cuadro de Aclaración.*

### ACLARACIÓN

El verbo principal en Mateo 28:19-20 es traducido "hagan discípulos". Está en modo imperativo, haciéndolo un mandamiento. Los otros verbos—"vayan," "bautizándolos", y "enseñándoles"—son todos presentes participios que respaldan o acompañan el hacer discípulos.

- El principal mandamiento en este pasaje para los discípulos es *hacer discípulos*. ¿Qué está incluido en hacer discípulos?

- ¿Qué se debe enseñar?

- ¿Qué aprendes al marcar *toda* y *todas*? ¿Dónde es usado *toda* y *todas*? ¿Qué está relacionado con *toda*—toda qué?

¹⁹ Vayan, pues, y hagan discípulos de todas las naciones, bautizándolos en el nombre del Padre y del Hijo y del Espíritu Santo,

²⁰ enseñándoles a guardar todo lo que les he mandado; y ¡recuerden (he aquí)! Yo estoy con ustedes todos los días, hasta el fin del mundo."

- ¿Cuál es la promesa de Jesús a Sus discípulos?

- ¿Cómo crees que este pasaje se relaciona con los creyentes hoy?

## Marcos 10:28-30

28 *Entonces* Pedro comenzó a decir a Jesús: "Nosotros lo hemos dejado todo y Te hemos seguido."

29 Jesús respondió: "En verdad les digo, que no hay nadie que haya dejado casa, o hermanos, o hermanas, o madre, o padre, o hijos o tierras por causa de Mí y por causa del evangelio,

## OBSERVA

Hablamos al inicio de esta lección sobre el costo de ser Su discípulo—la persecución, el sufrimiento que le acompaña. Ahora veamos la promesa que Jesús dio a Sus discípulos.

*Líder: Lee en voz alta las palabras de Jesús a Pedro en Marcos 10:28-30.*
- *Marca **dejado** con una diagonal.*
- *Marca **seguido** de la misma forma que marcaste "discípulo".*

## DISCUTE

- ¿Qué habían dejado los discípulos?

• ¿Fue esto más de lo que Jesús les había dicho cuando los llamó a ser Sus discípulos y les explicó el costo?

• ¿Cuál es la promesa de Jesús? ¿Qué puede esperar recibir un discípulo? Escribe en detalle tu respuesta.

• Según los versículos 29 y 30, es fácil entender cómo ocurre la persecución, pero, ¿cómo puede uno recibir cien veces más con respecto a casas, hermanos, hermanas, madres, hijos, tierras?

30 que no reciba cien veces más ahora en este tiempo: casas, y hermanos, y hermanas, y madres, e hijos, y tierras junto con persecuciones; y en el siglo venidero, la vida eterna.

## FINALIZANDO

Los discípulos, prototipos de las futuras generaciones, establecieron el modelo. En cierto sentido fueron enviados a reproducirse, a producir otros como ellos—que también aprendieran, creyeran y obedecieran las enseñanzas del Señor Jesucristo, el Hijo de Dios, por el resto de sus días sobre la tierra.

El camino es angosto, la puerta es estrecha, pero lleva a la vida eterna. Jesús estableció claramente los parámetros. Él no se detuvo por el costo. En esta vida el costo será grande, pero el apóstol Pablo escribiría posteriormente que la "aflicción leve y pasajera nos produce un eterno peso de gloria que sobrepasa toda comparación" (2 Corintios. 4:17).

Aunque el camino de la cruz traería persecución, ellos no lo caminarían solos. Jesús prometió estar con Sus discípulos todo el camino—aún al final de los tiempos.

Ahora, ¿qué te ha mostrado Dios en estos últimos cuarenta minutos? ¿Cómo te ha hablado?

Parece que en realidad estamos cerca de los "últimos tiempos" y aún Sus fieles discípulos siguen firmemente, muchos en dirección al martirio físico. Que nosotros también seamos hallados fieles.

En nuestra última semana de estudio veremos cómo los discípulos llevaron a cabo la tarea de hacer discípulos en todas las naciones.

¿Qué tan fieles fueron los apóstoles al mandato de Jesús de hacer discípulos? Judas, como ya lo hemos visto, escogió no permanecer en Jesús. Sin embargo, los otros nunca se volvieron atrás. Diez de los once restantes (todos excepto Juan, quien vivió una larga vida), fueron condenados a muerte luchando por el progreso del evangelio. La tradición dice que Juan fue torturado al ser puesto en un caldero de aceite caliente, luego fue exiliado a la Isla de Patmos en el Mar Egeo.

Pablo, quien fue salvo después que Jesús se le revelara en el camino a Damasco, también llegó a ser un apóstol. Habiendo sido personalmente enseñado en la verdad, por Jesús resucitado, Pablo también fue martirizado. ¡Decapitado por Roma!

Pero antes que estos hombres murieran, hicieron discípulos, de manera que la obra del evangelio siguió adelante—y ha seguido de generación en generación alcanzándote aún a ti.

Esta semana queremos aprender algunos principios de discipulado que nos pueden ayudar en la tarea a la que Dios nos ha llamado.

## OBSERVA

Al comenzar, vayamos a un pasaje en Lucas y veamos lo que Jesús dijo a aquellos que querían seguirle.

*Líder: Lee en voz alta Lucas 9:57-62.*

- *Marca toda referencia a la palabra **seguir** como marcaste "discípulo".*
- *Encierra en un círculo toda referencia al **reino de Dios**.*

## Lucas 9:57-62

⁵⁷ Mientras ellos iban por el camino, uno Le dijo: "Te seguiré adondequiera que vayas."

⁵⁸ "Las zorras tienen madrigueras (cuevas) y las aves del cielo nidos," le dijo Jesús, "pero el Hijo del Hombre no tiene dónde recostar la cabeza."

⁵⁹ A otro le dijo: "Ven tras Mí." Pero él contestó: "Señor, permíteme que vaya primero a enterrar a mi padre."

⁶⁰ "Deja que los muertos entierren a sus muertos," le respondió Jesús; "pero tú, ve y anuncia por todas partes el reino de Dios."

**DISCUTE**

Obviamente el Señor tenía incluidos importantes principios para nosotros en el relato y la preservación de estos tres sucesos. Discútelos suceso a suceso.

• En los versículos 57-58, ¿cuál es la advertencia o aclaración sobre seguir a Jesús?

• ¿Qué sucede en el segundo incidente en los versículos 59-60?

• ¿Hay aquí noción del tiempo, de la urgencia?

• ¿Qué debía hacer la persona?

• ¿Ves alguna similitud aquí con lo que estudiaste de Jesús comisionando a los once en Mateo 28?

• En el tercer incidente, versículos 61-62, ¿qué aprendes sobre el mirar atrás en lugar de seguir adelante? ¿Qué crees que significa mirar atrás después de poner la mano en el arado?

• ¿Ves alguna similitud aquí con lo que Jesús dijo a las multitudes sobre aquellos que lo seguirían como discípulos? ¿Ves alguna relación entre amar a Jesús más que a padre, madre, hermano, hermana, hijos, hijas y tu propia vida?

⁶¹ También otro dijo: "Te seguiré, Señor; pero primero permíteme despedirme de los de mi casa."

• ¿Te habla alguno de estos incidentes de alguna manera? ¿Hay algo que puedes aprender? ¿Hay algo que toque alguna fibra sensible en ti?

⁶² Pero Jesús le dijo: "Nadie, que después de poner la mano en el arado mira atrás, es apto para el reino de Dios."

## OBSERVA

Jesús comisionó a los discípulos a ir a todo el mundo y hacer discípulos y eso es exactamente lo que hicieron. Después que Pablo visitó y ministró en Tesalónica, (junto con Timoteo y Silvano), escribió una carta a los creyentes de aquel lugar. En esa carta Pablo les recordó lo que pasó como resultado de su visita y la presentación del evangelio. Al leer esto podemos obtener valiosas observaciones sobre el hacer discípulos.

## 1 Tesalonicenses 1:5-8

⁵ porque nuestro evangelio no vino a ustedes solamente en palabras, sino también en poder y en el Espíritu Santo y con plena convicción; como saben qué clase de personas demostramos ser entre ustedes por el amor que les tenemos.

⁶ Y ustedes llegaron a ser imitadores de nosotros y del Señor, habiendo recibido la palabra, en medio de mucha tribulación, con el gozo del Espíritu Santo,

⁷ de tal manera que llegaron a ser un ejemplo para todos los creyentes en Macedonia y en Acaya.

*Líder: Lee en voz alta 1 Tesalonicenses1:5-8.*

• *Marca **evangelio** y **palabra** (cuando sea sinónimo de evangelio) con un megáfono como éste:*

*Pide que el grupo lea este pasaje por segunda vez.*

• *Encierra en un círculo todo pronombre que se refiera a **Pablo**, **Silvano** y **Timoteo**.*
• *Subraya toda referencia a los **Tesalonicenses**.*

### DISCUTE

• De acuerdo al versículo 5, ¿cómo llegó el evangelio a Tesalónica? Enumera en el texto las diferentes formas en que llegó y discútelas.

• ¿Qué le sucedió a los Tesalonicenses como resultado de la llegada del evangelio?

• Cuándo el evangelio fue llevado a los Tesalonicenses, ¿qué lo acompañó? O, en otras palabras, ¿cómo fue recibido? (La mención de *Palabra* en el versículo 6 debió haber sido marcada con un megáfono).

• ¿Se esperaba esta tribulación?

• ¿Qué llegaron a ser los Tesalonicenses?

• ¿Se convirtieron en discípulos de Jesucristo? ¿Cómo lo sabes según los versículos que acabas de leer y marcar?

Mira el modelo:

Jesús

↓

Pablo

↓

Tesalonicenses

↓

Gente en Macedonia y Acaya

[8] Porque *saliendo* de ustedes, la palabra del Señor se ha escuchado, no sólo en Macedonia y Acaya, sino que también por todas partes la fe de ustedes en Dios se ha divulgado, de modo que nosotros no tenemos necesidad de decir nada.

## OBSERVA

En 1 Tesalonicenses 1:5 viste que el evangelio vino por el ejemplo. El versículo dice: "saben qué clase de personas demostramos ser entre ustedes por el amor que les tenemos".

Veamos su ejemplo. ¿Cómo fueron entre ellos? ¿Qué podemos aprender para aplicar a nuestras propias vidas?

## 1 Tesalonicenses 2:1-12

[1] Porque ustedes mismos saben, hermanos, que nuestra visita a ustedes no fue en vano,

[2] sino que después de haber sufrido y sido maltratados en Filipos, como saben, tuvimos el valor, *confiados* en nuestro Dios, de hablarles el evangelio de Dios en medio de mucha oposición.

[3] Pues nuestra exhortación no *procede* de error ni de impureza ni es con engaño,

[4] sino que así como hemos sido aprobados por Dios para que se nos confiara el evangelio, así hablamos, no como agradando a los hombres, sino a Dios que examina nuestros corazones.

*Líder: Lee en voz alta 1 Tesalonicenses 2:1-12.*

- *Encierra en un círculo cada pronombre que se refiera a **Pablo**, **Silvano** y **Timoteo**.*
- *Marca cada referencia a **evangelio**.*

## DISCUTE

- Revisa el texto que acabas de leer, versículo por versículo y discute lo que aprendes acerca de Pablo, Silvano y Timoteo y sobre cuál fue su comportamiento. ¿Cuál fue su ejemplo? ¿Cómo se comportaron?

- Al ir haciendo esto, discute cómo se podría aplicar esto hoy.

- Si tienes tiempo, haz una lista de tus observaciones bajo los siguientes encabezados.

## Lo Que Ellos Hicieron

## Lo Que Ellos No Hicieron

[5] Porque como saben, nunca fuimos a ustedes con palabras lisonjeras, ni con pretexto para sacar provecho. Dios es testigo.

[6] Tampoco buscamos gloria de los hombres, ni de ustedes ni de otros, aunque como apóstoles de Cristo hubiéramos podido imponer nuestra autoridad.

[7] Más bien demostramos ser benignos entre ustedes, como una madre que cría con ternura a sus propios hijos.

[8] Teniendo así un gran afecto por ustedes, nos hemos complacido en impartirles no sólo el evangelio de Dios, sino también nuestras propias vidas, pues llegaron a ser muy amados para nosotros.

[9] Porque recuerdan, hermanos, nuestros trabajos y fatigas, cómo, trabajando de día y de noche para no ser carga a ninguno de ustedes, les proclamamos el evangelio de Dios.

[10] Ustedes son testigos, y también Dios, de cuán santa, justa e irreprensiblemente nos comportamos con ustedes los creyentes.

[11] Saben además de qué manera los exhortábamos, alentábamos e implorábamos a cada uno de ustedes, como un padre lo haría con sus propios hijos,

[12] para que anduvieran como es digno del Dios que los ha llamado a Su reino y a Su gloria.

## OBSERVA

Al estar Pablo enfrentando la muerte por amor al evangelio, escribió su última carta a su discípulo Timoteo, quien había llegado a ser su hijo en la fe.

**Líder:** *Lee en voz alta 2 Timoteo 3:10-14 donde Pablo recuerda a su hijo en el evangelio de la relación entre ellos.*

- *Encierra en un círculo cada referencia a Pablo—cada yo, mí, mío y mi.*
- *Encierra en un cuadro toda referencia a Timoteo.*
- *Marca seguido con una flecha, así como marcaste "discípulo".*

## DISCUTE

- ¿Qué similitud ves en estos versículos con lo que aprendiste sobre el discipulado—seguir a Jesucristo? Piensa sobre todas aquellas cosas que deben distinguir a un discípulo—y las cosas que un verdadero discípulo debería esperar y hacer.

- De acuerdo al versículo 12, ¿qué quería Pablo que Timoteo entendiera?

### 2 Timoteo 3:10-14

10 Pero tú has seguido mi enseñanza, mi conducta, propósito, fe, paciencia, amor, perseverancia,

11 mis persecuciones, sufrimientos, como los que me acaecieron en Antioquía, en Iconio y en Listra. ¡Qué persecuciones sufrí! Y de todas ellas me libró el Señor.

12 Y en verdad, todos los que quieren vivir piadosamente en Cristo Jesús, serán perseguidos.

13 Pero los hombres malos e impostores irán de mal en peor, engañando y siendo engañados.

14 Tú, sin embargo, persiste en las cosas que has aprendido y *de las*

*cuales* te convenciste, sabiendo de quiénes las has aprendido.

• ¿Crees que los cristianos en general entienden esto? Por qué sí o por qué no.

## 2 Timoteo 2:1-7

¹ Tú, pues, hijo mío, fortalécete en la gracia que hay en Cristo Jesús.

² Y lo que has oído de mí en la presencia de muchos testigos, eso encarga (confía) a hombres fieles que sean capaces de enseñar también a otros.

³ Sufre penalidades conmigo, como buen soldado de Cristo Jesús.

⁴ El soldado en servicio activo no se enreda en los negocios de la vida diaria, a fin de poder agradar al que lo reclutó como soldado.

### OBSERVA

*Líder: Lee en voz alta 2 Timoteo 2:1-7.*
  • *Encierra en un círculo toda referencia a* **Pablo**.
  • *Coloca en un cuadro toda referencia a* **Timoteo**.

### DISCUTE

Recuerda que ésta fue la última carta de Pablo a Timoteo, su discípulo. Como Jesús, Pablo sabía que iba a morir.

• De lo leído, ¿qué demuestra que el "hacer discípulos" continúa de uno a otro?

• ¿Qué clase de hombres debía escoger Timoteo?

- ¿Cuáles son las verdades específicas que Pablo quiere tratar en los versículos 3-6? ¿Cuál es el punto que él señala al mencionar al soldado, al atleta y al labrador?

- ¿Habrá algunos principios en estos siete versículos que tengan relación con lo que aprendiste sobre ser un discípulo durante estas últimas seis semanas? ¿Cuáles son?

## OBSERVA

*Líder: Lee en voz alta Hechos 11:26.*
- *Marca la palabra **cristianos** con una cruz y encierra en un círculo la cruz.*
- *Marca la palabra **discípulos**.*

*Líder: Lee en voz alta el cuadro de Aclaración.*

### ACLARACIÓN

La palabra griega para *cristianos* es Jristianós, que significa "seguidores de Cristo". Se toma de la palabra Jristós, que corresponde a la palabra hebrea Mesías, que significa "el ungido".

5 También el que compite como atleta, no gana el premio si no compite de acuerdo con las reglas.

6 El labrador que trabaja debe ser el primero en recibir su parte de los frutos.

7 Considera lo que digo, pues el Señor te dará entendimiento en todo.

### Hechos 11:26

y cuando lo encontró, lo trajo a Antioquía. Y se reunieron con la iglesia por todo un año, y enseñaban a las multitudes; y a los discípulos se les llamó Cristianos por primera vez en Antioquía.

**DISCUTE**

• ¿Qué aprendes al marcar *discípulos* y *cristianos*?

En nuestro estudio vimos a la gente llegar a ser seguidores de Jesucristo, pero algunos eventualmente se apartaron—dejaron de seguir a Jesús. Esto se explica en 1 Juan 2:19: "Ellos salieron de nosotros, pero *en realidad* no eran de nosotros, porque si hubieran sido de nosotros, habrían permanecido con nosotros. Pero *salieron*, a fin de que se manifestara que no todos son de nosotros". Recuerda que los discípulos verdaderos continúan... permanecen... y dan fruto.

• ¿Crees que una persona puede ser un *verdadero* cristiano y no ser un *verdadero* discípulo de Jesucristo? Explica tu respuesta.

• Si una persona ama a Jesucristo—¿le obedecerá? ¿Le seguirá?

• ¿Qué quiere Él que hagas?

## FINALIZANDO

¿Qué más se puede decir querido amigo? Has sido confrontado con la verdad. Has estudiado las palabras de Aquel que se negó a Sí mismo y fue a la cruz—por tu redención. Tú sabes lo que Él espera.

La verdad siempre nos lleva a una encrucijada, la encrucijada de la fe. ¿Creerás y obedecerás—o tomarás tu propio camino?

Si escoges la vida, entonces debes saber que irás a través de una puerta estrecha—pero que te llevará a la vida eterna. Darás buen fruto—fruto que permanecerá. Habrás construido tu casa sobre la Roca—y ninguna tormenta la moverá. Estará sostenida, porque no sólo escuchas Sus palabras, sino que también las practicas. Persevera con valentía.

*El Señor Dios Me ha dado lengua de discípulo,*
*Para que Yo sepa sostener con una palabra al fatigado.*
*Mañana tras mañana Me despierta,*
*Despierta Mi oído para escuchar como los discípulos.*
ISAÍAS 50:4

Qué buen versículo para memorizar o escribir y ponerlo en algún lugar donde lo veas frecuentemente.

(Si quisieras estudiar el libro de Hechos—que muestra a los discípulos en acción, siendo testigos del poder del Espíritu Santo—te beneficiarías como otras miles de personas del libro de la nueva *Serie Internacional de Estudio Inductivo*, en el libro de Hechos titulado *La Obra del Espíritu Santo en Ti*).

Esta singular serie de estudios bíblicos del equipo de enseñanza de Ministerios Precepto Internacional, aborda temas con los que luchan las mentes investigadoras y lo hace en breves lecciones muy fáciles de entender e ideales para reuniones de grupos pequeños. Estos cursos de estudio bíblico, de la serie 40 minutos, pueden realizarse siguiendo cualquier orden. Sin embargo, a continuación te mostramos una posible secuencia a seguir:

## ¿Cómo Sabes que Dios es Tu Padre?

Muchos dicen: "Soy cristiano"; pero, ¿cómo pueden saber si Dios realmente es su Padre—y si el cielo será su futuro hogar? La epístola de 1 Juan fue escrita con este propósito—que tú puedas saber si realmente tienes la vida eterna. Éste es un esclarecedor estudio que te sacará de la oscuridad y abrirá tu entendimiento hacia esta importante verdad bíblica.

## Cómo Tener una Relación Genuina con Dios

A quienes tengan el deseo de conocer a Dios y relacionarse con Él de forma significativa, Ministerios Precepto abre la Biblia para mostrarles el camino a la salvación. Por medio de un profundo análisis de ciertos pasajes bíblicos cruciales, este esclarecedor estudio se enfoca en dónde nos encontramos con respecto a Dios, cómo es que el pecado evita que lo conozcamos y cómo Cristo puso un puente sobre aquel abismo que existe entre los hombres y su SEÑOR.

## ¿Vives lo que Dices?

Este estudio inductivo de Efesios 4 y 5, está diseñado para ayudar a los estudiantes a que vean por sí mismos, lo que Dios dice respecto al estilo de vida de un verdadero creyente en Cristo. Este estudio los capacitará para vivir de una manera digna de su llamamiento; con la meta final de desarrollar un andar diario con Dios, caracterizado por la madurez, la semejanza a Cristo y la paz.

## Viviendo Una Vida de Verdadera Adoración

La adoración es uno de los temas del cristianismo peor entendidos; este estudio explora lo que la Biblia dice acerca de la adoración: ¿qué es? ¿Cuándo sucede? ¿Dónde ocurre? ¿Se basa en las emociones? ¿Se limita solamente a los domingos en la iglesia? ¿Impacta la forma en que sirves al SEÑOR? Para éstas y más preguntas, este estudio nos ofrece respuestas bíblicas novedosas.

## Edificando un Matrimonio que en Verdad Funcione

Dios diseñó el matrimonio para que fuera una relación satisfactoria y realizadora; creando a hombres y mujeres para que ellos—juntos y como una sola carne—pudieran reflejar Su amor por el mundo. El matrimonio, cuando es vivido como Dios lo planeó, nos completa, nos trae gozo y da a nuestras vidas un fresco significado. En este estudio, los lectores examinarán el diseño de Dios para el matrimonio y aprenderán cómo establecer y mantener el tipo de matrimonio que trae gozo duradero.

## Cómo Tomar Decisiones Que No Lamentarás

Cada día nos enfrentamos a innumerables decisiones y algunas de ellas pueden cambiar el curso de nuestras vidas para siempre. Entonces, ¿a dónde acudes en busca de dirección? ¿Qué debemos hacer cuando nos enfrentamos a una tentación? Este breve estudio te brindará una práctica y valiosa guía, al explorar el papel que tiene la Escritura y el Espíritu Santo en nuestra toma de decisiones.

## Dinero y Posesiones: La Búsqueda del Contentamiento

Nuestra actitud hacia el dinero y las posesiones reflejará la calidad de nuestra relación con Dios. Y, de acuerdo con las Escrituras, nuestra visión del dinero nos muestra dónde está descansando nuestro verdadero amor. En este estudio, los lectores escudriñarán las Escrituras para aprender de dónde proviene el dinero, cómo se supone que debemos manejarlo y cómo vivir una vida abundante, sin importar su actual situación financiera.

## Cómo puede un Hombre Controlar Sus Pensamientos, Deseos y Pasiones

Este estudio capacita a los hombres con la poderosa verdad de que Dios ha provisto todo lo necesario para resistir la tentación y lo hace, a través de ejemplos de hombres en las Escrituras, algunos de los cuales cayeron en pecado y otros que se mantuvieron firmes. Aprende cómo escoger el camino de pureza, para tener la plena confianza de que, a través del poder del Espíritu Santo y la Palabra de Dios, podrás estar algún día puro e irreprensible delante de Dios.

## Viviendo Victoriosamente en Tiempos de Dificultad

Vivimos en un mundo decadente, poblado por gente sin rumbo y no podemos escaparnos de la adversidad y el dolor. Sin embargo, y por alguna razón, los difíciles tiempos que se viven actualmente son parte del plan de Dios y sirven para Sus propósitos. Este valioso estudio ayuda a los lectores a descubrir cómo glorificar a Dios en medio del dolor; al tiempo que aprenden cómo encontrar gozo aún cuando la vida parezca injusta y a conocer la paz que viene al confiar en el Único que puede brindar la fuerza necesaria en medio de nuestra debilidad.

## El Perdón: Rompiendo el Poder del Pasado

El perdón puede ser un concepto abrumador, sobre todo para quienes llevan consigo profundas heridas provocadas por difíciles situaciones de su pasado. En este estudio innovador, obtendrás esclarecedores conceptos del perdón de Dios para contigo, aprenderás cómo responder a aquellos que te han tratado injustamente y descubrirás cómo la decisión de perdonar rompe las cadenas del doloroso pasado y te impulsa hacia un gozoso futuro.

## Elementos Básicos de la Oración Efectiva

Esta perspectiva general de la oración te guiará a una vida de oración con más fervor, a medida que aprendes lo que Dios espera de tus oraciones y qué puedes esperar de Él. Un detallado examen del Padre Nuestro y de algunos importantes principios obtenidos de ejemplos de oraciones a través de la Biblia, te desafiarán a un mayor entendimiento de la voluntad de Dios, Sus caminos y Su amor por ti mientras experimentas lo que significa verdaderamente el acercarse a Dios en oración.

## Cómo Liberarse de los Temores

La vida está llena de todo tipo de temores que pueden asaltar tu mente, perturbar tu alma y traer estrés incalculable. Pero no tienes que permanecer cautivo a tus temores. En este estudio de seis semanas aprenderás cómo confrontar tus circunstancias con fortaleza y coraje mientras vives en el temor del Señor – el temor que conquista todo temor y te libera para vivir en fe.

## Cómo se Hace un Líder al Estilo de Dios

¿Qué espera Dios de quienes Él coloca en lugares de autoridad? ¿Qué características marcan al verdadero líder efectivo? ¿Cómo puedes ser el líder que Dios te ha llamado a ser? Encontrarás las respuestas a éstas y otras preguntas, en este poderoso estudio de cuatro importantes líderes de Israel—Elí, Samuel, Saúl y David—cuyas vidas señalan principios que necesitamos conocer como líderes en nuestros hogares, en nuestras comunidades, en nuestras iglesias y finalmente en nuestro mundo.

## ¿Qué Dice la Biblia Acerca del Sexo?

Nuestra cultura está saturada de sexo, pero muy pocos tienen una idea clara de lo que Dios dice acerca de este tema. En contraste a la creencia popular, Dios no se opone al sexo; únicamente, a su mal uso. Al aprender acerca de las barreras o límites que Él ha diseñado para proteger este regalo, te capacitarás para enfrentar las mentiras del mundo y aprender que Dios quiere lo mejor para ti.

## Principios Clave para el Ayuno Bíblico

La disciplina espiritual del ayuno se remonta a la antigüedad. Sin embargo, el propósito y naturaleza de esta práctica a menudo es malentendida. Este vigorizante estudio explica por qué el ayuno es importante en la vida del creyente promedio, resalta principios bíblicos para el ayuno efectivo y muestra cómo esta poderosa disciplina lleva a una conexión más profunda con Dios.

## Entendiendo los Dones Espirituales

¿Qué son Dones Espirituales?
El tema de los dones espirituales podría parecer complicado: ¿Quién

tiene dones espirituales – "las personas espirituales" o todo el mundo? ¿Qué son dones espirituales?

Entender los Dones Espirituales te lleva directamente a la Palabra de Dios, para descubrir las respuestas del Mismo que otorga el don. A medida que profundizas en los pasajes bíblicos acerca del diseño de Dios para cada uno de nosotros, descubrirás que los dones espirituales no son complicados – pero sí cambian vidas.

Descubrirás lo que son los dones espirituales, de dónde vienen, quiénes los tienen, cómo se reciben y cómo obran dentro de la iglesia. A medida que estudias, tendrás una nueva visión de cómo puedes usar los dones dados por Dios para traer esperanza a tu hogar, tu iglesia y a un mundo herido.

## Viviendo Como que le Perteneces a Dios

¿Pueden otros ver que le perteneces a Dios?

Dios nos llama a una vida de gozo, obediencia y confianza. Él nos llama a ser diferentes de quienes nos rodean. Él nos llama a ser santos.

En este enriquecedor estudio, descubrirás que la santidad no es un estándar arbitrario dentro de la iglesia actual o un objetivo inalcanzable de perfección intachable. La santidad se trata de agradar a Dios – vivir de tal manera que sea claro que le perteneces a Él. La santidad es lo que te hace único como un creyente de Jesucristo.

Ven a explorar la belleza de vivir en santidad y ver por qué la verdadera santidad y verdadera felicidad siempre van de la mano.

## Amando a Dios y a los demás

¿Qué quiere realmente Dios de ti?

Es fácil confundirse acerca de cómo agradar a Dios. Un maestro de Biblia te da una larga lista de mandatos que debes guardar. El siguiente te dice que solo la gracia importa. ¿Quién está en lo correcto?

Hace siglos, en respuesta a esta pregunta, Jesús simplificó todas las reglas y regulaciones de la Ley en dos grandes mandamientos: amar a Dios y a tu prójimo. *Amar a Dios y a los demás* estudia cómo estos dos mandamientos definen el corazón de la fe Cristiana. Mientras descansas en el conocimiento de lo que Dios te ha llamado a hacer, serás desafiado a vivir estos mandamientos – y descubrir cómo obedecer los simples mandatos de Jesús que transformarán no solo tu vida sino también las vidas de los que te rodean.

## Distracciones Fatales: Conquistando Tentaciones Destructivas

¿Está el pecado amenazando tu progreso espiritual? Cualquier tipo de pecado puede minar la efectividad del creyente, pero ciertos pecados pueden enraizarse tanto en sus vidas - incluso sin darse cuenta - que se vuelven fatales para nuestro crecimiento espiritual. Este estudio trata con seis de los pecados "mortales" que amenazan el progreso espiritual: Orgullo, Ira, Celos, Glotonería, Pereza y Avaricia. Aprenderás cómo identificar las formas sutiles en las que estas distracciones fatales pueden invadir tu vida y estarás equipado para conquistar estas tentaciones destructivas para que puedas madurar en tu caminar con Cristo.

## La Fortaleza de Conocer a Dios

Puede que sepas acerca de Dios, pero ¿realmente sabes lo que Él dice acerca de Sí mismo – y lo que Él quiere de ti? Este estudio esclarecedor te ayudará a ganar un verdadero entendimiento del carácter de Dios y Sus caminos. Mientras descubres por ti mismo quién es Él, serás llevado hacia una relación más profunda y personal con el Dios del universo – una relación que te permitirá mostrar confiadamente Su fuerza en las circunstancias más difíciles de la vida.

## Guerra Espiritual: Venciendo al Enemigo

¿Estás preparado para la batalla?

Ya sea que te des cuenta o no, vives en medio de una lucha espiritual. Tu enemigo, el diablo, es peligroso, destructivo y está determinado a alejarte de servir de manera efectiva a Dios. Para poder defenderte a ti mismo de sus ataques, necesitas conocer cómo opera el enemigo. A través de este estudio de seis semanas, obtendrás un completo conocimiento de las tácticas e insidias del enemigo. Mientras descubres la verdad acerca de Satanás – incluyendo los límites de su poder – estarás equipado a permanecer firme contra sus ataques y a desarrollar una estrategia para vivir diariamente en victoria.

### Volviendo Tu Corazón Hacia Dios

Descubre lo que realmente significa ser bendecido.

En el Sermón del Monte, Jesús identificó actitudes que traen el favor de Dios: llorar sobre el pecado, demostrar mansedumbre, mostrar misericordia, cultivar la paz y más. Algunas de estas frases se han vuelto tan familiares que hemos perdido el sentido de su significado. En este poderoso estudio, obtendrás un fresco entendimiento de lo que significa alinear tu vida con las prioridades de Dios. Redescubrirás por qué la palabra bendecido significa caminar en la plenitud y satisfacción de Dios, sin importar tus circunstancias. A medida que miras de cerca el significado detrás de cada una de las Bienaventuranzas, verás cómo estas verdades dan forma a tus decisiones cada día – y te acercan más al corazón de Dios.

### El Cielo, El Infierno y la Vida Después de la Muerte

Descubre lo que Dios dice acerca de la muerte, el morir y la vida después de la muerte.

Muchas personas están intrigadas por lo que les espera detrás de la puerta, pero vivimos en una era bombardeada de puntos de vista en conflicto. ¿Cómo podemos estar seguros de lo que es verdad?

En este estudio esclarecedor, examinarás las respuestas de la Biblia acerca de la muerte y lo que viene después. A medida que confrontas la inevitabilidad de la muerte en el contexto de la promesa del cielo y la realidad del infierno, serás desafiado a examinar tu corazón — y al hacerlo, descubrir que al aferrarte a la promesa de la vida eterna, el aguijón de la muerte es reemplazado con paz.

## Descubriendo lo Que Nos Espera en el Futuro

Con todo lo que está ocurriendo en el mundo, las personas no pueden evitar cuestionarse respecto a lo que nos espera en el futuro. ¿Habrá paz alguna vez en la tierra? ¿Cuánto tiempo vivirá el mundo bajo la amenaza del terrorismo? ¿Hay un horizonte con un solo gobernante mundial? Esta fácil guía de estudio conduce a los lectores a través del importante libro de Daniel; libro en el que se establece el plan de Dios para el futuro.

## Esperanza Después del Divorcio

Con el divorcio surgen muchas preguntas, dolor y frustración. ¿Qué voy a hacer? ¿Cómo sobreviviré? ¿Qué hay de los niños? ¿Qué pensará la gente de mí? ¿Qué piensa Dios de mí? ¿Cómo puedes superar esto? ¿Vivir con ello?

A través de este estudio de seis semanas descubrirás verdades bíblicas sólidas que te ayudarán a ti o a un ser querido a recuperarse del dolor, debido al fin de un matrimonio. Aquí encontrarás consejos prácticos y motivadores, así como también la certeza del amor y poder redentor de Dios, trabajando en incluso las situaciones más difíciles mientras sales adelante con una perspectiva piadosa de tu nueva realidad.

# ACERCA DE MINISTERIOS PRECEPTO INTERNACIONAL

**Ministerios Precepto Internacional** fue levantado por Dios con el solo propósito de establecer a las personas en la Palabra de Dios para producir reverencia a Él. Sirve como un brazo de la iglesia sin ser parte de una denominación. Dios ha permitido a Precepto alcanzar más allá de las líneas denominacionales sin comprometer las verdades de Su Palabra inerrante. Nosotros creemos que cada palabra de la Biblia fue inspirada y dada al hombre como todo lo que necesita para alcanzar la madurez y estar completamente equipado para toda buena obra de la vida. Este ministerio no busca imponer sus doctrinas en los demás, sino dirigir a las personas al Maestro mismo, Quien guía y lidera mediante Su Espíritu a la verdad a través de un estudio sistemático de Su Palabra. El ministerio produce una variedad de estudios bíblicos e imparte conferencias y Talleres Intensivos de entrenamiento diseñados para establecer a los asistentes en la Palabra a través del Estudio Bíblico Inductivo.

Jack Arthur y su esposa, Kay, fundaron Ministerios Precepto en 1970. Kay y el equipo de escritores del ministerio producen estudios **Precepto sobre Precepto,** Estudios **In & Out**, estudios de la **serie Señor**, estudios de la **Nueva serie de Estudio Inductivo**, estudios **40 Minutos** y **Estudio Inductivo de la Biblia Descubre por ti mismo para niños.** A partir de años de estudio diligente y experiencia enseñando, Kay y el equipo han desarrollado estos cursos inductivos únicos que son utilizados en cerca de 185 países en 70 idiomas.

## MOVILIZANDO

Estamos movilizando un grupo de creyentes que "manejan bien la Palabra de Dios" y quieren utilizar sus dones espirituales y talentos para alcanzar 10 millones más de personas con el estudio bíblico inductivo.

Si compartes nuestra pasión por establecer a las personas en la Palabra de Dios, te invitamos a leer más. Visita **www.precept.org/Mobilize** para más información detallada.

## RESPONDIENDO AL LLAMADO

Ahora que has estudiado y considerado en oración las escrituras, ¿hay algo nuevo que debas creer o hacer, o te movió a hacer algún cambio en tu vida? Es una de las muchas cosas maravillosas y sobrenaturales que resultan de estar en Su Palabra – Dios nos habla.

En Ministerios Precepto Internacional, creemos que hemos escuchado a Dios hablar acerca de nuestro rol en la Gran Comisión. Él nos ha dicho en Su Palabra que hagamos discípulos enseñando a las personas cómo estudiar Su Palabra. Planeamos alcanzar 10 millones más de personas con el Estudio Bíblico Inductivo.

Si compartes nuestra pasión por establecer a las personas en la Palabra de Dios, ¡te invitamos a que te unas a nosotros! ¿Considerarías en oración aportar mensualmente al ministerio? Si ofrendas en línea en **www.precept. org/ATC**, ahorramos gastos administrativos para que tus dólares alcancen a más gente. Si aportas mensualmente como una ofrenda mensual, menos dólares van a gastos administrativos y más van al ministerio.

Por favor ora acerca de cómo el Señor te podría guiar a responder el llamado.

## COMPRA CON PROPÓSITO

Cuando compras libros, estudios, audio y video, por favor cómpralos de Ministerios Precepto a través de nuestra tienda en línea (**http://store.precept.org/**) o en la oficina de Precepto en tu país. Sabemos que podrías encontrar algunos de estos materiales a menor precio en tiendas con fines de lucro, pero cuando compras a través de nosotros, las ganancias apoyan el trabajo que hacemos:

• Desarrollar más estudios bíblicos inductivos
• Traducir más estudios en otros idiomas
• Apoyar los esfuerzos en 185 países
• Alcanzar millones diariamente a través de la radio y televisión
• Entrenar pastores y líderes de estudios bíblicos alrededor del mundo
• Desarrollar estudios inductivos para niños para comenzar su viaje con Dios
• Equipar a las personas de todas las edades con las habilidades del estudio bíblico que transforma vidas.

Cuando compras en Precepto, ¡ayudas a establecer a las personas en la Palabra de Dios!